AF261653

LA PAIX

OU

LA GUERRE.

LA COALITION

C'EST

LA GUERRE.

AUX ÉLECTEURS CONSTITUTIONNELS,

PAR L'AUTEUR DE

DEUX ANS DE RÈGNE.

« On voudrait amener la France à se défier de l'Europe; on cherche à répandre que l'Europe se défie de notre révolution. Armée pour défendre ses droits, la France sait respecter ceux des autres. Sa politique a d'autres régles que les passions... Nous voulons la paix, si nécessaire à la liberté. Nous voudrions la guerre, si la sûreté et l'honneur de la France étaient en péril; et le Roi n'a point oublié que c'est dans les camps qu'il apprit pour la première fois à sauver la patrie. Mais nous ne concédons à aucun peuple le droit de nous forcer à combattre pour sa cause, et le sang des Français n'appartient qu'à la France. »

C. PÉRIER, *président du conseil.* (Ch. des députés, 18 mars 1831.)

PARIS,

GUIRAUDET ET JOUAUST, IMPRIMEURS,

RUE SAINT-HONORÉ, 315.

Février 1839.

LA PAIX

ou

LA GUERRE.

AUX ÉLECTEURS CONSTITUTIONNELS.

SITUATION ACTUELLE.

---

20 février 1839.

Electeurs constitutionnels,

Il y a deux mois la France était prospère, le commerce
plein de vie, l'industrie florissante. Paisible au dedans, et res-
pectée au dehors, la France commençait enfin à comprendre
les bienfaits inappréciables de la monarchie représentative,
qui seule peut garantir aux institutions la stabilité, condition essentielle de tout progrès politique ou social ; elle at-

tendait avec calme la réunion du parlement , sûre qu'elle était d'obtenir bientôt le complément des lois organiques nécessaires à la consolidation et à l'extension de quelques intérêts matériels encore en souffrance.

Tout à coup la confiance publique a cessé. Une inquiétude vague a suspendu toutes les relations et comme paralysé ce grand mouvement qui témoigne de la richesse des peuples ; et , en présence d'un tel malaise, le pays s'est demandé avec surprise si un avenir prochain nous réservait encore de ces tristes journées, dont nous avions presque déjà perdu le souvenir, pendant lesquelles il était bien permis de désespérer de l'ordre en même temps que de la liberté.

Que s'est-il donc passé depuis deux mois ? Le pouvoir a-t-il proposé , médité quelques lois antinationales ? Les Souverains alliés de la France ont-ils violé la foi des traités ? Le pays , enfin , a-t-il été menacé dans ses droits acquis irrévocablement , soit à l'intérieur, soit à l'extérieur ?

Rien de semblable n'est arrivé. Tout a été régulier de la part de l'administration actuelle, qui , vous le savez, s'était établie *naturellement* , après la chute d'un cabinet devenu moralement et matériellement impossible par le rejet de la loi de *disjonction*.

Vous connaissez les actes du cabinet du 15 avril , depuis le jour de son installation jusqu'à la session de 1839.

Une amnistie large , sincère , sans arrière - pensée, une mesure généreuse, contre laquelle avaient toujours protesté les cabinets antérieurs, avait rendu la liberté au Roi , sans altérer les garanties données à l'ordre social par une législation salutaire ; et un fait immense a pu s'accomplir, le fait de la conciliation des partis.

Plusieurs expéditions habilement dirigées sur le territoire de l'Algérie ont acquis définitivement à la France une importante conquête, trop long-temps compromise par le mauvais vouloir ou l'imprévoyance des précédentes administrations.

De brillants faits d'armes à Constantine, à Ulloa, ont ajouté de nouvelles gloires à nos gloires passées.

Les traités conclus avec les nations ont été loyalement, dignement exécutés, et jamais à aucune époque nos relations extérieures n'ont été ni mieux assurées ni plus intimes.

Jusqu'à la session de 1839, une imposante majorité avait été constamment acquise au gouvernement du Roi dans les deux chambres sur les plus importantes questions. Et voilà que ce cabinet, déclaré parlementaire le jour où il était né, est devenu subitement un ministère antinational. Et voilà que ce ministère qu'on avait d'abord qualifié de ministère *d'honnêtes gens*, le lendemain de son installation, est devenu subitement *corrupteur et corrompu ;* et les accusations les plus plus absurdes, les plus lâches calomnies ont été accumulées de toutes parts contre une administration dont le grand tort, le seul tort peut-être dans ce pays d'opposition et de moquerie, est d'avoir pu durer deux ans.

Et telle est enfin la seule explication possible de ce malaise, de cette perturbation survenue tout à coup, qui, heureusement, hâtons-nous de le dire, existe moins au fond de la société qu'à la surface.

Electeurs constitutionnels, vous le savez, une ligue déplorable s'est formée dans le sein même du parlement, inconstitutionnelle dans ses tendances, antiparlementaire dans son langage. Une coupable coalition, assemblage confus et bizarre de tous les éléments les plus hétérogènes, s'est déclarée hautement, séditieusement hostile, non pas seulement au gouvernement du Roi, mais à la couronne ; non pas seulement à la couronne, mais à la majorité trois fois élue par vous depuis huit ans, à cette majorité si courageusement dévouée à nos institutions, à cette majorité qu'on ose accuser aujourd'hui d'*inintelligence* et de *servilisme*, parce qu'elle

n'a pas voulu obéir aux mesquines passions de quelques am-
bitieux de fortune ou de renommée.

Vous connaissez les faits qui ont nécessité l'importante
mesure en vertu de laquelle vous allez vous réunir dans vos
collèges.

Une Adresse factieuse, habilement construite, et de telle
sorte que chaque phrase fût une injure directe pour la couronne, témoignait des tendances subversives de la coalition,
qui avait admis dans son sein, je dis plus, *accepté pour chefs*
les hommes les plus antipathiques au gouvernement de juillet et à notre jeune dynastie.

Eh bien! cette Adresse est détruite pièce à pièce; tous
les paragraphes les plus hostiles à la politique suivie depuis
huit ans sont successivement amendés ou supprimés; pas un
vestige ne reste de ce premier acte de la coalition; et une majorité faible en nombre, mais ferme, mais compacte, mais
étroitement unie par les idées comme par les sentiments, est
encore acquise au *ministère de l'amnistie.*

Mais d'une part la minorité était trop forte, et de l'autre la
majorité trop faible; et le cabinet du 15 avril, demeuré
vainqueur dans une lutte où il lui a fallu combattre pied
à pied contre tous les talents, *personnellement intéressés* à
sa ruine, n'a pas jugé la majorité suffisante; il s'est retiré le
lendemain même de la victoire, suppliant la couronne de
vouloir bien appeler dans ses conseils ceux qu'elle croirait
devoir réunir le plus de suffrages dans le parlement.

La couronne s'est adressée à un illustre maréchal, qui pouvait ajouter encore à sa renommée européenne, à sa réputa-
tion incontestable de patriotisme et de désintéressement, si,
fermant l'oreille aux vaines déclamations et aux hypocrites
avances des partis, qui, vous le savez, l'avaient couvert de
boue pendant tout le temps qu'il a été au pouvoir, il fût venu
en aide à la couronne, mettant au service du Roi la puissan-

ce et l'autorité de son grand nom. Le maréchal a décliné la noble mission qui lui était offerte par la couronne,

Que pouvait donc faire la couronne ? Choisir un ministère dans la minorité ? Peut-être, si cette minorité eût été homogène ; peut-être, si la coalition eût laissé entrevoir la plus petite apparence d'unité et d'harmonie, soit dans les idées, soit dans les convictions ; peut-être alors était-il permis de croire à l'avénement possible d'une majorité raisonnable quelconque, puisque la loi des majorités est la loi suprême du gouvernement représentatif. Mais comment espérer un pareil résultat d'une armée aussi étrangement composée, de réformateurs et de conservateurs, de radicaux et de légitimistes, de tiers-parti, de doctrinaires, d'interventionistes et de non-interventionistes ; enfin, de petites fractions unies un jour et comme par hasard, ou plutôt dans un seul but, celui de renverser ? Et s'il était reconnu impossible de gouverner avec une majorité trop faible en nombre, bien qu'elle fût unie et compacte, à plus forte raison était-il peu logique d'aller chercher des gouvernants dans ce pêle-mêle, dans cette cohue, dans cette tour de Babel où se parlent tous les langages, où parmi tant *d'honnêtes gens*, qui ne cessent de réclamer ensemble ce qu'ils appellent la vérité du gouvernement représentatif, plusieurs ont un pied dans le *compte-rendu*, l'autre dans les lois de septembre, plusieurs osent s'avouer en face, et dans le sein même du parlement, citoyens de la république, ou sujets fidèles de Henri V.

Choisir un ministère dans la minorité était un acte inconstitutionnel.

Restait à la couronne l'un de ces deux partis : conserver la chambre actuelle, au risque de voir se prolonger sans fin ce pénible tiraillement qui est la plaie des gouvernements représentatifs, ou bien s'adresser au pays pour lui demander son appui et sa coopération dans cette tâche pénible qu'avait

acceptée le Roi le 9 août 1830; celle de gouverner dans l'intérêt et pour le bonheur de tous.

La couronne a préféré cette dernière détermination. Elle
avait prorogé les chambres, afin d'éviter au parlement les
embarras et les ennuis d'une crise ministérielle. Or, toute
combinaison nouvelle étant devenue impossible par le refus
du maréchal Soult, les ministres du 15 avril ont dû reprendre leurs démissions, qui n'avaient été acceptées du Roi que
conditionnellement et dans l'espoir d'un arrangement prochain; et la couronne a prononcé la dissolution du parlement. Elle a voulu consulter l'opinion publique; elle s'est
présentée en face du pays, franchement, sans arrière-pen-
sée, décidée, quoi qu'il arrive, à *céder* devant toute mani-
festation nationale, mais à la condition que cette manifesta-
tion soit légitime, légale, constitutionnelle.

Eh bien, n'a-t-on pas osé appeler la dissolution *un coup
d'état ?* N'a-t-on pas comparé cette mesure aux actes pleins
de démence du gouvernement de Charles X! Et qui donc
a pu soutenir cette absurde accusation ? Les chefs mêmes
de la coalition, dont le premier acte, ils l'ont avoué, si
dans les circonstances actuelles ils eussent été poussés aux
affaires, aurait été infailliblement de conseiller la dissolution
à la couronne.

Tels sont les faits qui ont précédé et amené ce grand acte
qui occupe aujourd'hui tous les esprits, cette mesure grave,
mais nécessaire, puisqu'il faut enfin trouver une majorité
quelconque.

Electeurs constitutionnels, vous le voyez, la coalition a
seule amené tout ce désordre, effet sans cause, vous le re-
connaîtrez, puisque tout a été régulier, constitutionnel, de
la part du pouvoir.

A elle donc le triste mérite d'avoir porté le trouble dans
le pays. A elle la misérable satisfaction d'avoir ramené l'ir-

ritation partout où une administration prudente et débon-
naire s'efforçait d'établir l'union, l'harmonie, la concorde!

Mais à vous, mandataires du pays, hommes consciencieux
de toutes nuances, à vous la gloire et l'honneur de rétablir
l'ordre et de maintenir la paix! Une noble tâche vous est imposée, vous avez en vos mains les destinées de la France ; et
jamais depuis huit années de plus sérieuses préoccupations
n'ont agité le corps électoral, à qui est confiée la garde de
nos institutions.

Or ne vous laissez pas abuser par de vaines paroles : plusieurs essaieront de vous persuader qu'ils sont seuls *natio-
naux*, seuls *patriotes*, seuls *indépendants* ; et, afin de porter
la confusion dans vos esprits par une spécieuse phraséologie,
ils vous diront qu'il ne s'agit que de changer les *personnes*,
soi-disant pour rétablir la vérité du gouvernement représentatif.

Eh bien, si, comme vous l'avez prouvé jusqu'ici depuis
huit années, vous êtes sincèrement attachés à nos institutions et à notre dynastie ; si vous voulez l'ordre, qui est inséparable de la liberté ; si vous voulez le respect pour tous les
droits acquis, sans distinction ; si vous voulez la paix, le plus
désirable de tous les biens, la paix, qui seule peut faire
fleurir le commerce et l'industrie, songez qu'il s'agit en ce
moment d'autre chose que d'une question de *personnes*.

Ce que vous allez décider dans quelques jours, ce n'est pas
la question de savoir si tels noms arriveront aux affaires à la
place de tels noms, mais *si aucune altération ne sera apportée aux choses* que vous avez fondées et maintenues soi
en face des émeutes, soit devant les cours d'assises, soit à
Lyon, soit en Vendée, soit à Anvers.

Ce que vous allez décider dans quelques jours, c'est l'affermissement des pouvoirs constitutionnels, *tous également
forts, également libres dans l'exercice de leurs attribu-*

tions respectives, ou bien l'abaissement de l'autorité, et, par suite, de toutes les forces gouvernementales ; en un mot le maintien ou l'altération du contrat synallagmatique auquel S. M. Louis-Philippe a mis sa signature le 9 août, et ce ne sera pas lui qui manquera à sa parole ; en d'autres termes, vous allez choisir entre l'ordre actuel, certain, garanti, ou le désordre possible dans un avenir plus ou moins rapproché. Voilà pour l'intérieur.

Et quant à l'extérieur, ce que vous allez décider, ce sera le maintien des droits respectifs des nations, tel que l'a proclamé la France, le 9 août 1830, quand M. le comte Molé, ministre des affaires étrangères, posait le système de non-intervention ; ou bien, l'abolition des traités, la guerre avec tous les peuples, quels qu'ils soient, s'ils peuvent être soupçonnés de ne pas partager toutes les idées françaises ; la guerre générale, c'est-à-dire la guerre non de territoire, mais de principes ; en d'autres termes, la négation de toutes les idées de justice, de loyauté, de raison. C'est ce que j'espère bientôt démontrer d'après le langage même de la coalition, d'après les manifestes signés par ceux qui se posent comme les chefs de cette grande émeute contre deux des pouvoirs constitutionnels.

Mais je crois utile de vous rappeler, d'abord, en peu de mots, quel est au vrai le système politique suivi par l'administration actuelle, qui n'a d'autre prétention que de continuer fidèlement la politique qu'on a appelée *glorieuse*, celle du 11 *octobre*, c'est-à-dire du 13 *mars*. Vous jugerez alors s'il est rationnel, s'il est opportun de changer sitôt une politique salutaire en changeant les *personnes*, et si quatre ou cinq ans de bien-être, après tant de malaise, ont assuré à la France une somme de bonheur assez grande pour qu'il soit permis de risquer si légèrement la fortune publique.

CE QU'A ÉTÉ LA POLITIQUE DE LA FRANCE
DEPUIS HUIT ANS.

Il y a peu d'hommes *nécessaires* en politique, mais il y a des systèmes *nécessaires*. Certes, je ne suis pas de ceux qui soutiennent la doctrine de l'immobilité ; le monde marche, quoi qu'on fasse, et nul n'est assez fort pour l'arrêter. Mais je suis de ceux qui pensent que, quand un système politique, bon ou mauvais, s'est établi librement, régulièrement et au grand jour, pour qu'il puisse légitimement cesser d'être il faut qu'il ait fait son temps ; il faut que celui qui est destiné à le remplacer soit mûr pour s'établir, et les systèmes, comme les révolutions, sont fils du temps, et non des hommes.

Or, quand on observe dans son origine et dans ses phases diverses le système politique qui dure depuis huit ans, bien que battu en brèche par les coalisés de toutes les époques, depuis ceux du *compte-rendu* jusqu'à ceux de l'Adresse de 1839, depuis M. O. Barrot jusqu'à M. Thiers, qui l'a long-temps défendu, on est forcé de convenir qu'il contient en soi des éléments incontestables de *nécessité* et d'irrésistibilité, puisque chaque avénement d'un nouveau chef de cabinet, comme vous le verrez bientôt, a toujours été signalé par une déclaration de principes scrupuleusement conforme à cette politique que M. Thiers a aujourd'hui la prétention de vouloir changer radicalement, à l'intérieur et à l'extérieur.

Je vais rappeler en peu de mots en quoi consiste ce système.

La révolution de juillet et la charte qui l'a régularisée étaient la consécration définitive des faits accomplis irrévocablement en 89. Là devait s'arrêter le mouvement ; et tout le monde comprenait, à cette époque de perturbation momentanée, que la révolution se perdait si elle ne savait pas s'arrêter, puisque, suivant le mot célèbre, et malheureusement prophétique, de Barnave, il n'y avait plus de *quatre août* à faire que contre la propriété.

Toutefois, dès le lendemain de la révolution, deux nuances politiques différentes paraissaient préoccuper certains esprits, quant à la direction à donner aux affaires.

L'une supposait la rupture violente et complète du présent avec le passé, afin de refaire la société intégralement, mettant de côté toutes les traditions ; laissant au principe révolutionnaire un entier développement ; ne tenant aucun compte ni des droits acquis à l'intérieur, ni des traités conclus avec les nations. On a appelé cela les véritables conséquences de la révolution de juillet.

L'autre nuance voulait au contraire, en partant du fait même de la révolution, qui avait été si modérée, si généreuse, et, à cause de cela, si universellement accueillie, continuer ce fait et le développer dans un sens modéré et conservateur ; respecter tous les faits légitimement accomplis, accepter le bien, quelle que fût son origine, adapter enfin le présent au passé, en suivant pas à pas et avec mesure les instincts progressifs de la société.

Les conséquences du premier système étaient la guerre au dedans et au dehors ; les conséquences du second étaient l'ordre, c'est-à-dire la liberté pour tous, et le maintien de l'état politique européen ; en d'autres termes, la charte et la paix. Or, ce dernier système a eu l'assentiment complet de tous les hommes qui ont mis la main aux affaires dès le lendemain du 29 juillet, et le plus grand nombre l'a suivi, soit instinctivement, soit parce qu'ils le comprenaient d'une manière nette et précise.

C'est ainsi que, pour l'intérieur, on ne changeait intégralement ni la magistrature, ni la pairie, ni l'administration, dans laquelle on maintenait au contraire ceux qui étaient présumés avoir la *tradition des affaires* (1), et on ne changeait pas la religion de la majorité ; et afin de ne pas renouveler de funestes dissensions civiles, on conservait jusqu'aux *pensions des Vendéens.* Voilà pour l'intérieur.

A l'extérieur, on restait également fidèle au principe des faits accomplis. On ne déchirait pas les traités de 1815, « qui étaient un malheur, disait M. Laffitte, et non une humiliation. » On proclamait le système de *non-intervention ;* on ne croyait pas que la nécessité de défendre notre révolution dût contraindre notre gouvernement à s'associer partout aux révolutions présentes ou à venir qui pourraient éclater, soit à Bologne, soit à Varsovie, soit à Bruxelles. Et quels étaient les hommes d'état qui se croyaient la mission de développer ces principes salutaires et parfaitement conformes au repos de la France et de l'Europe ? M. Thiers, tout le premier, qui prouvait que la Pologne était trop éloignée de Paris, et que, même avec de nombreuses armées, il était impossible de défendre Varsovie. Et quand plus tard les Etats Romains se mirent en révolution, le même M. Thiers prouva encore qu'il serait absurbe de troubler la paix de l'Europe pour *deux ou trois provinces.* Le jour où la séparation de la Belgique et de la Hollande fut reconnue nécessaire de fait et de droit, on prit la défense de la Belgique, en marchant deux fois à Bruxelles, en s'emparant de la citadelle d'Anvers, en

____

(1) Lettre de la *Commisssion municipale.*

faisant le traité des 24 articles. Plus tard on prenait Ancône, et on obligeait d'une part l'Autriche à s'éloigner des Etats Romains ; tandis que de l'autre on obtenait du Pape des concessions salutaires en faveur des Légations ; et on maintenait également les Autrichiens par la crainte du drapeau tricolore, et le Pape par la crainte de l'insurrection des États Romains.

Enfin le traité de la quadruple alliance protégeait l'Espagne contre l'intervention étrangère, sans compromettre l'honneur et le sang de la France en la forçant de s'immiscer dans les affaires d'un autre peuple.

Telle était donc la politique de la France au dedans et au dehors, dès le lendemain de la révolution de juillet. Tel était ce système que les partis ont appelé absurde, anti-national, sans dignité, pacifique lâchement et à tout prix, et qu'on voudrait changer aujourd'hui, en commençant par se refuser à l'exécution des traités.

Il faudra bientôt examiner s'il est vrai que l'administration du 15 avril ait apporté la moindre altération à cette politique, dont chaque nouveau cabinet, comme on va voir, reconnaissait l'absolue nécessité le jour où il prenait la direction des affaires.

NÉCESSITÉ DU SYSTÈME,
D'APRÈS LES DÉCLARATIONS DES CHEFS DE CHAQUE CABINET DEPUIS HUIT ANS.

Électeurs constitutionnels, vous qui avez l'amour vrai et désintéressé du bonheur public ; vous qui ne comprenez pas qu'une misérable question de portefeuilles puisse légitimer les plus honteuses palinodies, lisez les déclarations de tous les hommes d'état qui se sont succédé depuis le 9 août, et vous déciderez dans votre sagesse s'il est temps de changer les *choses* avec les *personnes*.

Le 18 avril 1837, M. le comte Molé, président du conseil, s'exprimait en ces termes : « La France a marché avec une admirable constance, depuis un demi-siècle, à un noble but, l'accord de la monarchie et de la liberté. En vain ce grand résultat nous a-t-il été disputé par les restes inanimés des vieux partis. La sagesse du trône, la vôtre, les lois salutaires que nous avons votées, nous ont confirmé toutes nos conquêtes. *Fidèles à cette politique ferme et modérée qui depuis sept ans a sauvé la France*, et que des collègues pour lesquels nous avons besoin d'exprimer ici nos regrets ont glorieusement concouru à soutenir, nous obtiendrons votre appui : votre justice appréciera nos efforts. »

Le cabinet du 6 *septembre*, prédécesseur du 15 avril, formé pendant l'interrègne parlementaire, n'était que la continuation du 11 *octobre* ; il avait pour chef également M. le comte Molé, dont on vient de lire la déclaration lorsqu'i devint le chef du cabinet actuel. D'ailleurs, le discours de M. Guizot à Lisieux, trois semaines avant la formation du cabinet du 6 septembre, dont il allait faire partie, avait exposé dans les termes les plus explicites comme on sait, quelle était cette politique *nationale, qui était celle du roi*, et désavouée par M. Guizot seulement, depuis qu'il n'est plus ministre.

Il faut connaître maintenant la déclaration du chef du cabinet du 22 *février*, auquel avait succédé le 6 *septembre.*

Le 22 *février* 1836, M. Thiers, ministre des affaires étrangères, et président du conseil, s'exprimait ainsi à la chambre élective : « *Ce que nous étions il y a un an, il y a deux ans, nous le sommes aujourd'hui. Nous serons fidèles à la pensée du dernier cabinet* (le 11 octobre); » et comme si cette déclaration n'était pas assez catégorique, comme s'il voulait déjouer les calculs possibles de certains partis, et désillusionner bien des espérances chimériques, M. Thiers disait le lendemain à la Chambre des pairs : « Je n'ai accepté le pouvoir *pour flatter aucune opinion, pour condescendre à aucune exigence.* Je l'ai accepté pour faire *prévaloir* les principes qui, depuis *cinq années*, m'ont paru les seuls *vrais et salutaires.* Aidé de mes nouveaux collègues, je *travaillerai à les maintenir.* »

Le cabinet du 22 *février* succédait au cabinet du 11 *octobre.*

Voici maintenant une circulaire de M. le maréchal Soult, président du conseil du 11 *octobre* 1832, cabinet doctrinaire, comme on sait; elle parut le lendemain même du jour de la formation de ce cabinet, créé pendant l'absence des chambres : « En m'appelant à cette haute fonction, le Roi a voulu annoncer hautement que le ministère serait jaloux de la dignité de la France, et non moins dévoué à sa gloire qu'à sa sûreté. Le système politique adopté par mon illustre prédécesseur (C. Périer) *sera le mien : c'est le vrai système national ;* les deux chambres *l'ont ainsi déclaré.* Le maintien de la monarchie et de la charte est la condition première de la liberté publique. L'ordre au dedans et la paix au dehors seront les gages les plus sûrs de sa durée. *De concert cvec les puissances alliées,* nous presserons la solution de toutes les grandes questions européennes. En maintenant l'ordre, nous travaillerons à l'affermissement de la paix (1). »

Après la mort de C. Périer, il n'y eut point de président du conseil jusqu'au 11 *octobre ;* mais l'opinion publique a généralement attribué à MM. Soult et de Montalivet la direction *morale* et *réelle* du cabinet qui a gouverné pendant l'interrègne parlementaire. Voici donc une circulaire de M. de Montalivet, ministre de l'intérieur, d'abord par *interim*, pendant la maladie de C. Périer, et confirmé par le Roi dans ce département, après la mort de l'illustre chef du cabinet du 13 *mars :* « Bien qu'une triste circonstance prive momentanément le conseil de l'homme d'état qui présidait à ses délibérations, c'est toujours le ministère du 13 mars qui s'adresse à vous. Nous resterons *fidèles aux principes* qui ont dirigé l'action du gouvernement depuis plus d'une année, et au système consacré par le vote des chambres (2). »

Nous voici arrivés au ministère Périer.

Dans un discours plein de récriminations contre le cabinet du 13 *mars*, M. Laffitte avait essayé de faire la critique du système suivi. C. Périer, président du conseil, après avoir cité textuellement un discours que l'honorable banquier ne se souvenait plus d'avoir prononcé à l'époque où il était ministre, le 10 novembre 1830, établissait les points de res-

(1) Circulaire du 12 octobre 1832.
(2) Circulaire du 30 avril 1832.

semblance et d'identité qui existaient entre son administration et celle de son prédécesseur, M. Laffitte, et il ajoutait:
« Après ces explications sur les parties *essentielles* du système de gouvernement, après ces rapprochements qui vous
démontrent la *conformité de nos actes et de nos principes
avec les principes et les actes de nos prédécesseurs,* ne nous
est-il pas permis de demander d'où peut venir cette *aigreur*
de quelques uns de nos honorables adversaires *contre un
système* qu'ils se bornent à attaquer, sans consentir à l'éclai-
rer par des vues salutaires, sans substituer enfin des idées
de bien public aux plans qui leur semblent nuisibles et im-
parfaits (1). »

Cet incident que je rapporte est la preuve évidente de
l'injustice et de la déloyauté de certains hommes déchus du
pouvoir, qui ne peuvent pardonner à leurs successeurs de
gouverner à leur place. On y trouve l'histoire fidèle des chefs
de la coalition en 1839 ? Serait-ce donc qu'il y eût deux ma-
nières de concevoir la politique, l'une quand on est ministre,
et l'autre quand on voudrait le devenir, ou quand on a cessé
de l'être? Mais poursuivons.

Le 13 *mars* était donc la continuation *fidèle* de la précé-
dente administration, celle de M. Laffitte, avec le talent et
l'énergie de plus. On va voir le programme de M. Laffitte.

Appelé à la direction des affaires, comme chef du cabinet,
après la retraite volontaire de MM. Molé, de Broglie, Guizot
et Louis, M. Laffitte s'exprimait en ces termes : « Membre
de l'ancienne et de la nouvelle administration, nous avons à
nous expliquer sur notre intention et notre conduite. *Aucune
dissidence fondamentale* de système ne séparait les membres du dernier cabinet (dont faisait partie M. Laffitte comme

____

(1) Ch. des dép., 20 janv. 1832.

ministre sans portefeuille). *Tout le monde dans le conseil savait* et *croyait* que la liberté doit être accompagnée de l'ordre ; *chacun dans le conseil* était plein des expériences funestes que la révolution de 89 a léguées au monde ; chacun savait que la révolution de 1830 devait être *contenue* dans *une certaine mesure*, et qu'*il fallait lui concilier l'Europe*... Peut-être, ajoutait-il, les idées d'ordre, les *vraies maximes de ce gouvernement* pouvaient-elles plus facilement devenir populaires avec certains noms qu'avec certains autres. On nous a mille fois répété que le bien nous était possible à nous plus qu'à d'autres ; nous avons regretté que cela fût ainsi, et nous sommes restés près du Roi *en sujets fidèles et dévoués* (1). » Plus tard il ajoutait : « *Le système ne sera pas changé*, et toutes les fois que les lois seront menacées, nous les ferons respecter. Il n'est pas vrai qu'une *réaction commence*, parce que les perturbateurs ont été réduits au néant (2). » « Conserver la bonne intelligence de la France avec l'Europe, et prévenir tout ce qui pourrait la troubler, tel est le devoir et le vœu de ceux auxquels le roi a confié l'administration du royaume (3). » « La guerre est un triste et sinistre avenir ; les chances en seraient terribles ; mieux vaut encore faire triompher la paix. Nous continuerons donc à négocier (4). »

« Le principe de la non-intervention a le double avantage de faire respecter la liberté partout, mais de ne hâter sa venue *nulle part*, parce qu'elle n'est bonne que là où elle est un fruit naturel du pays (5). »

(1) 10 Novembre 1830.
(2) 28 Décembre 1830.
(3) 3 Novembre 1830.
(4) 1ᵉʳ Décembre 1830.
(5) 27 Décembre 1830.

M. Laffitte a osé dire depuis qu'il *rougissait* de la révolution de juillet, *à cause du système suivi ;* mais, comme on le voit, il a manqué complétement de mémoire, et tous les gouvernants qui ont succédé à M. Laffitte n'ont fait que soutenir et continuer les principes qu'il a si mal habilement et si pitoyablement défendus pendant tout le temps de son ministère.

On a vu jusqu'ici, depuis le 15 avril jusqu'à M. Laffitte inclusivement, chaque chef de cabinet déclarer hautement, en face de la majorité, l'intention formelle de continuer le système politique adopté par son prédécesseur. On connaît donc la filiation constante, officielle et non interrompue du système. Quelle en est l'origine ?

Le cabinet du 11 *août* 1830 était composé de sept ministres avec portefeuille, et de quatre sans portefeuille. Il n'y avait pas de présidence du conseil ; mais la proclamation du Roi publiée le 15 août, et contresignée Dupont de l'Eure, avait été délibérée en conseil et approuvée par les onze ministres. La déclaration qu'elle contenait était donc d'une haute importance, et elle a d'autant plus de prix, que celui qui y mettait sa signature à côté de celle du Roi était un homme toujours en faveur aujourd'hui auprès du parti radical, malgré cet acte éminemment conservateur. « Français, disait le Roi, vous m'avez appelé à vous *gouverner selon les lois* (1) ». On n'avait pas encore soulevé cette subtile question, *Le Roi règne et ne gouverne pas ;* et pouvait-elle être soulevée, quand chacun, au contraire, invoquait hautement la sagesse et l'expérience du duc d'Orléans ?

« C'est à moi de faire respecter *l'ordre légal* que nous avons conquis... Obéissance est due aux lois *en vigueur*. La *raison*

(1) C'était M. Dupin, ministre sans portefeuille, qui avait rédigé cette proclamation.

publique le proclame, la sûreté de l'état le commande. «*L'ordre légal*, qu'était-ce donc? C'était le maintien de l'état politique, tel qu'il existait encore, avec le cens électoral à 300 *fr.*,
et le cens pour la députation à 1,000 *fr.*; c'était le maintien de
la pairie, encore héréditaire; c'était la soumission intel-
ligente au gouvernement du petit nombre, c'est-à-dire au
pays légal, moins le système des *adjonctions*. Voilà ce
que M. Dupont de l'Eure recommandait alors au respect et
et à la défense de tous les *bons citoyens*. «Français! l'Europe
contemple avec une admiration *mêlée* de *surprise* notre
glorieuse révolution; elle se demande si telle est la puissance de la civilisation et du travail, que de tels événements se puissent accomplir sans que la *société en soit
ébranlée*. » Cette révolution n'est donc pas une révolution
sociale, mais seulement politique. « Dissipons ce dernier
doute. *Liberté*, *ordre public*, telle est la devise que la garde nationale porte sur ses drapeaux; que ce soit le spectacle
qu'offre la France à l'Europe. » Donc, point de guerre; respect pour *tous les droits*, au dedans et au dehors. Donc la
charte et la paix. «Et nous aurons en quelques jours assuré
pour des siècles le bonheur et la gloire de la patrie. » Et
c'est cette politique] *séculaire* que M. Dupont de l'Eure a
déclaré *funeste* le jour seulement où il a cessé de diriger les
affaires, et dont la réforme serait amenée infailliblement par
le triomphe de la coalition.

Electeurs constitutionnels, je viens de dérouler sous vos yeux
le tableau de toutes les phases diverses de votre histoire poli
tique de huit années, pour les *hommes* comme pour les *choses*. Vous avez vu l'unité qui a présidé jusqu'ici à la politique
de la France à l'intérieur et à l'extérieur. Vous avez vu cette
suite non interrompue de gouvernants plus ou moins fermes,
plus ou moins habiles, mais défendant tour à tour les mêmes
choses et par les mêmes moyens. Vous reconnaissez que les

défenseurs de ce système , que les uns appellent *antinational*, les autres *antiparlementaire* , ceux-ci *funeste* , ceux-là *honteux* , ont été MM. Molé, Montalivet, Salvandy, Bernard, Martin du Nord, Barthe, Persil, Guizot, Thiers, Passy, Sauzet, Duchâtel, Humann, Soult, de Broglie, C. Périer, Laffitte, Mérilhou, Dupin, Sébastiani, Bignon, Gérard, et jusqu'à M. Dupont de l'Eure, et peut-être, avant tous, les membres de la *commission municipale*, dont on connaît la lettre *très humble* et *très pacifique* du 8 août 1830 à S. M. Louis-Philippe, et qui forment le premier anneau de la chaîne imposée par le bon sens public aux excès possibles de la révolution : preuve, en définitive, que s'il y a peu d'hommes *nécessaires* en politique , il y a toujours des systèmes *nécessaires*.

LA POLITIQUE DU 15 AVRIL EST-ELLE DIFFÉRENTE DE CELLE DES AUTRES CABINETS ?
MANIFESTES DIVERS DE LA COALITION.

Electeurs constitutionnels, vous connaissez le système politique proclamé par la France dès le lendemain de la révolution de juillet.

Or ce système, que vous avez prétendu soutenir constamment jusque aujourd'hui, quelles que fussent les personnes, parce que vous l'avez cru salutaire, a-t-il, comme l'ont prétendu quelques coalisés, subi la moindre altération, soit au dedans, soit au dehors, de la part de l'administration actuelle ?

Examinons d'abord l'intérieur. Et d'abord, n'est-ce pas une chose curieuse que la nature des griefs reprochés à l'administration actuelle par deux anciens ministres coalisés ? L'un se plaint de ce qu'une lutte *sans exemple* est engagée entre la prérogative royale et la prérogative parlementaire, et de ce que les pouvoirs sont affaiblis. Il est *frappé aujourd'hui* de cette vérité toute nouvelle pour lui, que le régime représentatif est un régime de *transaction* et de *conciliation* continuelles; il est *frappé aujourd'hui* de ce progrès des *idées modérées* que la coalition est accusée de *vouloir faire passer dans la pratique des affaires.* (Manifeste de M. Guizot.) Et quel est l'ennemi de ce système de *transaction,* de *tolérance,* au nom duquel M. Guizot, sans doute, a accepté une place dans la coalition ? Quel est l'obstacle qui seul s'oppose encore à l'œuvre de pacification prêchée aujourd'hui avec tant de chaleur par ce nouvel apôtre de la *politique conciliante* ? C'est le cabinet du 15 avril.

En vérité c'est à ne pas y croire. Quoi ! vous, ministre *intimidateur ;* vous, auteur des lois de septembre, vous, ami politique et collègue de M. Persil à toutes les époques, vous reprochez au pouvoir cette politique *irritante* qui a cessé le lendemain du jour où vous avez cessé d'être ministre ! Quoi ! vous, orateur du banquet de Lisieux, vous accusez le cabinet actuel d'être cause que la chambre des députés est *menacée, affaiblie, dans sa prérogative !* Mais qui donc a engagé cette lutte funeste entre les deux prérogatives ? Qui, si ce n'est vous, rédacteur passionné et défenseur violent de l'Adresse factieuse de 1839 ; déserteur par ambition, d'une cause si belle, celle de l'ordre, que vous aviez jusque alors si chaleureusement, si éloquemment soutenue ? Mais comment espérez-vous faire croire que le ministère du 15 avril soit un obstacle à cette conciliation qu'il a voulue *contre vous et malgré vous ,* et qu'il a tenté d'accomplir au moyen de cette amnistie que vous avez toujours refusée tant que vous avez été au pouvoir ?

Continuons l'examen des prétendues altérations que le cabinet du 15 avril a fait subir à la politique intérieure de la France.

Un autre chef de la coalition, M. Thiers, accuse le pouvoir de vouloir accumuler autour du trône *toutes les pompes de la cour et de l'église,* en attirant autour de lui les *hautes classes de la société ,* c'est-à-dire les *carlistes et le parti prêtre.* Et puis, comme il fallait complaire en quelque chose au journal intelligent dont il est aujourd'hui le collaborateur avoué, *le Constitutionnel ,* M. Thiers reproche au pouvoir le *scandale de Clermont.*

Eh bien, pour le premier grief, M. Thiers manque de mémoire : il oublie que lui tout le premier, après la révolution de juillet, il a cherché à rallier les *hautes classes* en soutenant le maintien des pensions accordées aux Vendéens, alors qu'il demandait s'il y avait en France des *carlistes* D'ailleurs voici un fait qui prouve contre le grief que M. Thiers reproche exclusivement au pouvoir, quand il parle de je ne sais quelles *prévenances maladroites* à l'égard d'un certain parti. Tout le monde sait que M. Thiers, que ses amis, que M. Guizot, enfin tous les hommes consciencieux de la coalition, ont pris et signé l'engagement de porter partout les légitimistes, et de voter avec eux et pour eux.

Quant aux pompes de l'église, dont on veut entourer le trône, M. Thiers oublie encore que ce fut lui, ministre du 22 *février*, qui réhabilita en quelque sorte la dignité du cardinalat en demandant un traitement pour les cardinaux.

En ce qui regarde l'affaire de Clermont, si M. Thiers n'avait pas un rôle obligé à soutenir quand même comme chef de la coalition, il reconnaîtrait facilement tout ce qu'il y a de puéril et de niais à vouloir rendre le pouvoir *préventivement* responsable de toutes les paroles, de tous les actes imprudents dont peut se rendre coupable un membre du clergé ; il laisserait à M. Isambert le soin de soutenir et de discuter de semblables vieilleries.

Voilà donc tous les griefs de la coalition sur la politique intérieure réfutés suffisamment par les faits avec une entière franchise.

Ainsi, à l'intérieur, une seule altération peut être signalée : c'est la mesure de l'amnistie, laquelle a mis un terme à une attitude irritante qui tenait seulement à certaines personnes ; lesquelles ont pourtant l'impudeur de vouloir retourner aujourd'hui ce grief contre l'administration actuelle.

Mais cette altération est glorieuse, et c'est un titre d'honneur qui doit demeurer éternellement acquis à ce cabinet ; et qui le vengera de tant d'injures, de tant de calomnies.

Quant à la question extérieure, on a reproché à l'administration de vouloir la paix à tout prix, c'est-à-dire la paix sans dignité ; vous avez présent à l'esprit tout ce qui a été dit à propos d'Ancône, de l'Espagne, de la Suisse, de la Belgique. Quelques mots suffiront pour vous rappeler ce que vous savez si bien, ce que M. le comte Molé a si clairement, si victorieusement démontré à la tribune il y a un mois, le peu de fondement de tous ces griefs.

Examinons d'abord la question d'Ancône, laquelle, plus que toutes les autres, a servi de prétexte aux déclamations des coalisés.

« La France, a-t-on dit, ne devait pas abandonner Ancône *sans garanties*. Cet abandon est une concession faite à l'Europe contre les intérêts du pays. »

La discussion a prouvé qu'en vertu de la convention stipupulée par C. Périer en 1832, le maintien de nos troupes à Ancône étant subordonné à une condition, celle de l'évacuation des Marches par les Autrichiens, et que le retrait de nos troupes devait suivre *immédiatement* l'accomplissement de cette condition.

La France ne voulait donc pas garder éternellement Ancône ; elle attendait une solution qui s'est effectuée; et le jour où l'Autriche abandonnait les Etats Romains ; la France ne pouvait garder Ancône sans manquer à sa signature, qu'elle avait mise au traité conclu en 1832.

Or, quelles étaient les conséquences du système de *garanties* proclamé comme nécessaire et *national* dans l'Adresse de la coalition.

On aurait demandé des garanties à l'Autriche. Soit ; et si l'Autriche les eût refusées? On aurait gardé Ancône. Mais

Ancône appartenait donc à l'Autriche? Evidemment non. C'était donc aux dépens du Pape, c'est-à-dire en mettant la main sur la propriété du souverain de la Romagne, qu'on se serait vengé du mauvais vouloir de l'Autriche. Or le Pape aurait protesté. M. Thiers se serait sans doute moqué de ses protestations. Mais est-ce là une politique loyale, n'est-ce pas plutôt une politique qui se formule par cette vieille maxime : *la raison du plus fort?* Et quelle confiance inspirer à l'Europe, d'une part en violant les traités, et de l'autre en opprimant les plus faibles?

Le maintien de nos troupes à Ancône après l'évacuation des Autrichiens était donc un manquement déloyal à la convention signée par l'illustre et national président du 13 *mars;* et, comme l'a dit si noblement M. le comte Molé à la chambre élective, *la loyauté vaut une armée.*

Quant à la *fameuse dépêche* de M. Thiers, si admirée de la coalition, il est impossible d'y voir autre chose qu'une inconcevable puérilité de la part d'un homme qui se pose comme homme d'état, ou bien un acte immoral, une rouerie qui n'est plus de notre temps, puisqu'on gardait d'une main ce qu'on disait vouloir céder de l'autre; c'était enfin tromper l'Europe en faisant de la politique en partie double.

D'où il faut conclure que la reddition d'Ancône n'était nullement une infraction à la politique suivie pendant sept ans; elle était au contraire parfaitement conforme à la pensée de C. Périer, qui n'avait eu d'autre but que d'obtenir des concessions du Pape en faveur des Légations, et en même temps, de neutraliser l'influence qu'exercerait l'Autriche dans le midi de l'Italie, tant qu'elle occuperait les Marches.

La conduite du pouvoir dans la question Suisse a fourni aux rédacteurs de l'Adresse un paragraphe plein de récriminations haineuses contre le cabinet du 15 avril. Une seule chose est là répondre. Le ministère du 22 *février* avait dé-

claré le blocus hermétique au sujet de quelques *misérables
réfugiés*. Etait-il juste, était-il prudent de laisser M. Louis
Bonaparte s'établir tranquillement dans un pays si voisin de
la France avec le double titre de citoyen Français et Thurgo-
vien ; après le scandale de l'insurrection et de l'acquittement
de Strasbourg, après le scandale d'un manifeste distribué
à profusion à tous les corps-de-garde dans la France? N'était-
il pas convenable au contraire de demander l'éloignement
d'un aventurier, non sans doute à cause du neveu de Napo-
léon qu'on avait eu le ridicule d'affubler du chapeau et de
l'habit du grand homme, mais pour qu'il ne servît pas de
prétexte et de signe de ralliement aux aventuriers de tous
les pays.

Ce grief relatif à la Suisse ne pouvait être sérieux, et la
majorité n'a pu voir dans ce fait une altération à la politique
de la France.

Que dire de la question d'Espagne? M. Thiers déclare
dans son manifeste que c'est au sujet de l'intervention qu'il a
quitté les affaires. On le savait ; mais il ne dit pas que cette
intervention il a voulu la faire, *malgré la majorité*, qui l'a
désapprouvé par ses votes dans plusieurs circonstances,
malgré le Roi, à qui un jour il a voulu forcer la main, après
avoir trompé ses collègues sur le *prétendu accord* de S. M.
avec la volonté de M. Thiers.

M. Thiers demande dans son dernier manifeste en quoi
l'honneur de la France était engagé en envoyant *quelques
vaisseaux* sur les côtes d'Espagne. Mais y a-t-il de la bonne
foi dans ce langage? Etait-ce donc quelques vaisseaux qu'il
envoyait au mois d'août 1836? N'était-ce pas au contraire un
puissant corps d'armée qu'il dirigeait sur la frontière, sous
prétexte *de coopération*? N'était-ce pas une véritable intervention armée, fait grave, dont le Roi et son conseil ont failli
n'avoir connaissance que le jour où elle aurait été accomplie

irrévocablement. Eh bien! s'il est constitutionnel que le Roi ne fasse aucun acte sans la signature de son ministre, n'est-il pas aussi constitutionnel que la signature du roi accompagne au moins ou précède celle de son ministre, quand il s'agit d'une question qui est exclusivement du ressort de la prérogative royale, à savoir, un cas de guerre ou de paix?

Or, S. M. avait d'autant plus de raison de s'opposer à l'ardeur belliqueuse de M. Thiers, que, d'une part, vous le savez, le traité de la quadruple alliance n'*obligeait nullement la France à l'intervention*, et que, de l'autre, cette mesure était essentiellement contraire anx idées comme aux sympathies de la majorité.

Il est donc vrai de dire que la politique de sept années n'a subi aucune altération en ce qui touche le traité de la quadruple alliance.

Nous voici arrivés à une question brûlante, et qui contient en soi la paix ou la guerre universelle : je veux parler de la Belgique. La coalition ne voulait pas qu'on exécutât le traité d'Ancône ; elle ne veut pas non plus qu'on exécute le traité des 24 *articles.* M. Thiers demande pourquoi on ne *modifierait pas les 24 articles*, puisqu'on a modifié les 18 articles signés précédemment. La réponse est facile.

On pouvait modifier les 18 artictes ; on ne peut modifier les 24 articles, du moins quant à la question de territoire.

Le traité des 18 articles était un acte spontané de la Conférence de Londres ; il n'avait point été conclu sous la garantie des puissances ni demandé par le peuple Belge. Au contraire, le traité des 24 articles a été le résultat de vives et incessantes sollicitations de la part de la Belgique. La nation l'avait demandé comme un avantage pour elle ; et comme ce traité, qu'elle voulait être autorisée à rendre exécutoire, même *sans la participation du roi des Pays-Bas;* comme ce traité, qui établissait la nationalité de la Belgique

en Europe, avait été conçu dès l'origine sans la revendica-
tion des deux provinces du Limbourg et du Luxembourg, le
jour où l'une des cinq puissances dont la signature était encore nécessaire, consentait enfin à donner cette signature,
dès ce jour-là la convention était complète et devenait obli-
gatoire pour *toutes* les parties qui l'avaient signée. Le traité
des 24 articles avait été conclu avec la garantie de la France,
et la parole de la France était engagée, sous une condition,
celle de l'acceptation du roi des Pays-Bas. Seulement la
France, dont la garantie avait été invoquée par la Belgique,
a dû imposer une peine à celle des deux parties qui s'était
refusée à signer la convention pendant huit années. Cette
peine a dû porter sur la question financière; et c'est pour cela
que la Conférence a voulu libérer la Belgique d'une partie de
sa dette envers le roi des Pays-Bas (68 millions de florins).
Hâtons-nous de dire que c'est aux efforts généreux et réité-
rés de M. le comte Molé, que la Belgique est redevable de ce
soulagement apporté dans le paiement de sa dette.

Ainsi la question des 24 articles se réduit encore à celle-ci :
Doit-on exécuter fidèlement les traités ?

Electeurs constitutionnels, vous le voyez, la politique de
la France a été identiquement la même avec le ministère du
15 avril qu'avec tous les cabinets qui se sont succédé depuis
huit ans. Seulement il est arrivé que beaucoup de questions
tenues en suspens, et à cause de cela nuisibles au bonheur
et à la paix de l'Europe, ont eu une solution presque à la
même époque : dans l'intérêt de l'humanité, on ne peut que
se féliciter de ce résultat heureux, bien que tardif. Mais l'honneur et la dignité de la France sont toujours demeurés intacts.

En résumé, la coalition a menti à elle-même, à la France
et à l'Europe, dans toutes les accusations portées par elle
contre la politique de l'administration du 15 avril; cette politique est parfaitement identique à celle de tous les cabinets

précédents, *avec l'amnistie de plus*, et *l'intervention de moins.*

J'ai démontré, d'après les faits, la nécessité du système adopté par le gouvernement du Roi, de concours avec la majorité, dès le lendemain de la révolution de juillet. J'ai prouvé, d'une autre part, contre la coalition, qu'aucune altération n'a été apportée par le cabinet actuel à cette politique salutaire, toujours digne, toujours nationale.

Je veux démontrer maintenant, que le triomphe de la coalition apporterait, au contraire, une altération profonde au système formulé par ces mots du programme de C. Périer, *La charte et la paix*; soit à l'intérieur, en détruisant l'équilibre des pouvoirs constitutionnels, en *opprimant l'un* au profit des deux autres ou d'un seul; soit à l'extérieur, en ne respectant pas les faits accomplis, en se refusant à l'exécution des traités.

Je dois parler d'abord de cette lutte *funeste* engagée par l'Adresse de 1839, entre la prérogative royale et la prérogative parlementaire.

LES DEUX PRÉROGATIVES.

Électeurs constitutionnels,

Voici bientôt neuf ans qu'un grand fait s'accomplissait en France. La liberté élevait de ses mains un trône, aux acclamations de tout un peuple.

Sortie victorieuse de la lutte qu'elle n'avait point appelée, la nation n'avait qu'une pensée, celle de maintenir et d'assurer ses droits acquis contre les révolutionnaires d'en haut, comme elle devait plus tard les maintenir contre les révolutionnaires d'en bas. Une couronne était tombée pendant la lutte des trois jours, et la nation avait hâte de relever cette couronne pour la poser sur une tête plus digne.

Alors, ayant regardé autour d'elle, elle avait aperçu, tout près du trône, une famille, qui, depuis le règne de Louis XIV, époque où elle fut séparée de la branche aînée, n'avait cessé d'être repoussée, calomniée, proscrite; et l'élevant d'un degré sur les marches du trône, elle l'a appelée à continuer l'ancienne monarchie, dont le dernier représentant avait manqué à sa parole royale.

Or quel était le chef de cette noble famille qui allait s'asseoir sur le premier trône du monde? Quel était l'homme choisi comme *seul capable* de diriger sagement la révolution, en sachant la défendre contre tous les excès, la préserver de toute altération possible?

C'était celui qui avait combattu, jeune homme, à l'ombre du drapeau national; celui qui, forcé de quitter le sol natal pour dérober sa tête au couteau de la Convention, rejeta toujours avec horreur une cocarde étrangère; et, au milieu des souffrances de l'exil, ne voulut accepter aucun secours d'un prince coalisé.

C'était celui qui, de retour en France, avait gardé fidèlement les principes au nom desquels il courait à la frontière il y a quarante ans; celui qui, au lieu de fuir lâchement avec ses cousins devant l'aigle impériale pour aller mendier à Gand l'invasion étrangère, recommandait énergiquement aux gouverneurs de nos places fortes, de les conserver pour la France, en repoussant de toutes parts les armées de la coalition; qui plus tard défendait à la chambre héréditaire la cause de la modération et de la tolérance, contre les réactions de la chambre élective; qui, dans une grave circonstance, s'associait noblement, hautement, à la douleur de tous, le jour où un grand citoyen, le général Foy, était enlevé à la cause du progrès, et qui pour cela allait en exil; celui qui, profitait de son absence en Angleterre, pour plaider avec chaleur la cause d'un infortuné maréchal; celui enfin qui, sans savoir s'il y avait en France des esprits préoccupés d'un changement politique quelconque, s'empressait d'accueillir dans son palais tout ce qui s'élevait alors par le génie, par le talent, soit dans les arts, soit dans les lettres, soit dans les sciences.

Tel était le duc d'Orléans, à qui les Français ont offert la couronne parce qu'ils le connaissaient. Et la couronne s'est bien trouvée sur sa tête. Et la nation s'est glorifiée du choix qu'elle avait fait dans un jour de perturbation. Et tous les hommes qui l'avaient proclamé le vrai représentant de la civilisation et de l'esprit nouveau, applaudirent long-temps à son habileté, à son courage, à sa sagesse dans toutes les relations publiques ou privées, au dedans et au dehors.

Que se passe-t-il donc aujourd'hui? D'où vient ce mauvais vouloir de quelques uns à l'égard de la couronne? Et qui donc a changé, du prince ou de certains hommes parlementaires? Quels actes arbitraires ont motivé cette froideur, disons mieux, cette hostilité, qu'on déguise mal en soutenant que le Roi est toujours en dehors des injures violentes accumulées contre son gouvernement? Pourquoi cette lutte funeste engagée entre la prérogative royale et la prérogative parlementaire? Et qui peut dire à quelles limites s'arrêtera ce grand duel?

Le Roi gouverne trop! Grief terrible au nom duquel on prédit à la France de nouvelles révolutions.

Mais d'abord quels sont ceux qui ont formulé ce grief avec le plus d'amertume contre le Roi des barricades?

Quels sont les accusateurs?

Je vois parmi eux des ministres qui, pendant longues années, ont partagé le gouvernement avec le Roi; qui, pendant longues années, ont soutenu dans le conseil cette politique qu'on déclare aujourd'hui *funeste*, en affirmant qu'elle est *celle du Roi.* Or, depuis quand s'aperçoivent-ils que le Roi *gouverne trop?* Quelle est la date de cette insurrection contre l'influence personnelle du Roi sur les affaires? Depuis quand ces ministres dépossédés élèvent-ils si haut la voix en faveur de la prérogative parementaire? Depuis quand? Tout le monde le sait : *depuis qu'ils ne gouvernent plus.*

Eh bien, ils mentaient donc au pays et à leur conscience, alors qu'ils repoussaient si vivement les reproches qu'on adressait aux chefs du 11 *octobre* et du 22 *février*, de n'être que les *commis* de la couronne! Répondez, M. Soult, répondez, M. de Broglie; répondez, M. Thiers : et si les véritables rois étaient alors les premiers ministres, pourquoi donc tant d'assassinats dirigés sans relâche contre le titulaire de la couronne?

Le Roi gouverne trop! Mais dans quelle mesure, si petite qu'elle soit, reconnaît-on aujourd'hui à la couronne le droit de savoir ce qui se passe?

Électeurs constitutionnels, qui, en fondant le trône du 9 août, avez voulu une *monarchie représentative*, et non une présidence ou une magistrature, lisez tout ce qu'on écrit chaque jour contre la prérogative royale. Lisez tout ce que publient ces feuilles révolutionnaires qui se prétendent pourtant *dynastiques ou monarchiques*. Sachez bien quel rôle on destine tôt ou tard à celui que vous appelez encore le Roi.

Comparez ces déclamations imprudentes à ce qu'écrivait jadis, pendant les mauvais jours du gouvernement constitutionnel, un homme dont la mémoire est toujours chère au libéralisme, dans un de ces moments de prévision, où il expliquait la cause de ses sympathies toutes désintéressées pour l'avénement possible de Louis-Philippe au trône de France. « Le cas avenant, disait-il, je me fierais au duc d'Orléans, parce qu'il est honnête homme, parce qu'il est de *notre temps*, de *notre siècle*. Je voudrais, quant à moi, que tous les princes lui ressemblassent; s'il *gouvernait*, il *ajusterait bien des choses*, non seulement par la *sagesse* qui peut être en lui, mais par une vertu non moins considérable et trop peu célébrée, par son économie, qualité, si l'on veut, bourgeoise, mais pour nous si précieuse pour nous administrer, si belle, comment dirai-je? si divine (1). »

Ainsi pensait Courrier, qu'on n'accusa jamais de courtisannerie, je pense; il ne s'indignait pas si fort à la pensée que le roi constitutionnel pût *gouverner* dans une certaine mesure; et quand il désirait le trône pour S. M. Louis-Philippe, c'est qu'il le connaissait; c'est que précisément il faisait cas de son expérience des hommes et des choses, et c'est à ce titre qu'il l'acceptait comme gouvernant.

(1) **Lettre de Paul-Louis Courrier, 1822.**

« On aujourd'hui on soutient qu'il est indifférent que le ti-tulaire de la couronne *soit un fou ou un esprit supérieur !* On veut que celui qui fait les traités de commerce, qui ad-ministre, qui nomme à tous les emplois civils ou militaires, qui choisit les membres de la pairie, qui décide des cas de paix ou de guerre, aux termes de la constitution, soit le der-nier à savoir ce qui se passe dans son royaume.

Poursuivez, hommes monarchiques : faites plus encore, fermez au Roi la porte du conseil, comme le voulaient déjà certains politiques qu'on appelait *subversifs* à une autre époque. C'était pendant la présidence de M. Laffitte. - En France depuis la restauration, disaient alors les adversaires du gouvernement de M. Laffitte, il y avait rarement plus de deux conseils par semaine; aujourd'hui les ministres s'as-semblent tous les jours chez le Roi, *ce qui est contraire à la liberté* (1). »

Quoi donc! on a fait roi Louis-Philippe qu'on connais-sait si bien, qu'on supposait capable d'appliquer au bon-heur du pays les qualités brillantes dont on avait la con-science le jour de l'élection; et voilà que tous ces avantages doivent être annihilés devant cette maxime, *Le Roi est invio-lable,* qu'on traduit par ces autres mots, *Le Roi ne peut rien faire.* On lui dit : Nous vous avons choisi parce que votre pré-décesseur *avait mal fait,* bien qu'il fût aussi inviolable; nous vous avons élu parce que nous avions la certitude que vous ne signerez jamais, entre autres choses, *les ordon-nances de juillet,* et nous ne vous garderons qu'à la condition de vous renfermer dans une éternelle immobilité. Fou ou sage, inhabile ou habile, *vous ne ferez rien,* et vous ne se-rez pour nous qu'une ombre magnifique cachée derrière des

---

(1) *Courrier français,* 3 janv. 1831

nuages, destinée à apparaître quelquefois, tantôt pour plaire, tantôt pour effrayer, mais sans pouvoir *réel.*

Et on appelle cela la véritable monarchie représentative !

Mais, disent les partisans exclusifs de la prérogative parlementaire, si la prérogative royale peut exercer une influence quelconque dans les affaires, retranchant toujours son inviolabilité derrière la responsabilité ministérielle, la fiction constitutionnelle n'est-elle pas toujours illusoire, puisqu'il est impossible de jamais atteindre l'être irresponsable qui gouverne en réalité ?

Mettons-donc en face l'un de l'autre ces deux termes sur lesquels repose tout le système de la monarchie représentative : les ministres sont *responsables* devant les chambres, *le Roi est inviolable;* voyons quelle en est la portée ; voyons si, de ce que, en fait et en droit, le prince ne peut *gouverner* d'une autre manière que *constitutionnellement,* comme cela est toujours arrivé jusqu'ici *depuis huit années,* il faut en conclure que *toute influence est refusée à la couronne par la constitution.*

D'une part, le Roi ne peut faire aucun acte, promulguer aucune ordonnance sans la signature d'un ministre, *responsable,* il est vrai, mais toujours libre en même temps de donner ou de refuser sa signature, ou de se retirer.

De l'autre part, le Roi est inviolable, ce qui suppose nécessairement que le Roi peut faire quelque chose : car, s'il ne fait rien, s'il n'a droit de rien faire, quel compte exiger de lui sur quoi que ce soit ? Le Roi peut donc *agir,* c'est-à-dire *gouverner* en restant inviolable ; seulement il faut que tous ses actes aient eu l'approbation d'un ministre qui couvre la couronne de sa responsabilité.

Eh bien, quelle est au fond cette liberté de faire, qui reste toujours subordonnée à l'obligation de trouver des ministres qui signent et répondent pour lui ? Cette liberté, inviolable en droit, existe-t-elle bien réellement en fait? N'est-elle pas toujours inférieure à la liberté responsable d'un ministre, qui peut toujours se retirer et refuser sa signature? Je dis plus, si du côté de la personne ministérielle responsable il y a seulement *répression* possible par le contrôle des chambres, n'y a-t-il pas toujours *prévention absolue* à l'égard de la personne inviolable, puisqu'elle ne peut rien faire sans ses ministres? En conséquence n'est-elle pas une preuve qu'il y a toujours de fait pour le Roi impossibilité de gouverner s'il ne trouve pas de ministres qui consentent à donner leur signature, à moins de cesser d'être Roi? Donc, si le Roi a fait quelque chose, comme il n'a pu agir seul, ce sont les ministres qu'il faut mettre en accusation, et non le Roi; donc ce grief, « l'inviolabilité irresponsable de *ce qui gouverne en réalité* » est un non-sens, puisque le ministre qui a toujours prêté au Roi sa signature a été parfaitement libre de la refuser; ou elle est un mensonge, puisque, le jour où le Roi voudra gouverner sans ministre responsable, ce sera sa couronne et sa tête qu'il aura mises pour enjeu dans cette fatale partie.

Ainsi il est incontestable qu'en fait comme en droit, S. M. Louis-Philippe n'a gouverné et n'a pu gouverner jusqu'ici que constitutionnellement : la question n'est donc plus de savoir si le prince a gouverné *réellement*, en retranchant toujours son inviolabilité royale derrière la responsabilité ministérielle, mais de savoir en quoi il lui *a été défendu de* faire quelque chose *par influence seulement*, et en exerçant une action morale plus ou moins puissante, mais toujours légitimée par la supériorité de son esprit et de ses lumières, sur chacun de ses ministres, qui tous sont demeurés libres de signer pour lui ou de se retirer, et par suite, sur le pays, qui l'a constamment approuvée. Voilà l'état de la question.

Mais que dire de l'aveuglement et de l'aberration de certains hommes parlémentaires qui accusent sans cesse les représentants de la couronne de vouloir attirer à eux un pan du manteau royal pour cacher leur *insuffisance* responsable? Qu'y a-t-il de fondé dans ce grief reproduit sous toutes les formes à la tribune ou dans les manifestes du journalisme? Et quand ces ministres, si injuriés, si calomniés, forts de leur conscience et de la sincérité de leur dévoûment non servile, mais éclairé, aux institutions, et à la monarchie représentative; quand les ministres du roi offrent ouvertement leurs poitrines aux coups dirigés contre la personne royale; quand ils demandent qu'on les accuse s'ils ont démérité de la patrie et de la liberté, on leur répond : «Vous êtes trop débiles pour qu'on accepte avec vous le combat; retirez-vous, courtisans sans volonté, sans puissance: nous déclinons votre responsabilité *transparente*; il est une autre responsabilité *plus réelle*, que nous saurons bien atteindre et forcer dans ses retranchements, bien qu'elle soit inviolable. » Moyen commode de ne pas répondre, afin d'avoir toujours raison ! Et tel est pourtant, à vrai dire, la pensée de ces politiques qui réclament si bruyamment la sincérité du gouvernement représentatif avec trois pouvoirs également forts, également respectés. Telles sont les difficultés inextricables et sans solution possible, entassées à plaisir au devant du char de l'état par quelques hommes pleins d'orgueil, qui prétendent au monopole du pouvoir, parce qu'ils se sont arrogé, entre eux, le monopole de l'intelligence; et qui, ne pouvant pardonner au roi d'être un homme supérieur, veulent que, *seul de son royaume*, il lui soit interdit de s'occuper d'affaires.

Eh bien, qu'arriverait-il si, quelque jour, réduit à l'inactivité, à l'impuissance de faire le bien; écarté des affaires pour cette capacité même au nom de laquelle, il y a huit ans, le duc d'Orléans était élevé au trône; abreuvé de dégoûts et d'ennuis, et contraint d'assister, impassible, au spectacle des fautes et des erreurs possibles de ces hommes qui croient inféodé à leurs personnes le talent de gouverner, S. M. Louis-Philippe s'adressait en ces termes à la nation, dont le bien-être, dont la grandeur n'a cessé d'être l'objet de sa sollicitude depuis huit ans; s'il disait aux Français :

« Dieu m'est témoin que j'aurais vivement désiré ne jamais occuper le trône auquel le vœu national m'a appelé. Mais la France, attaquée dans sa liberté, voyait l'ordre en péril. Il fallait rétablir l'action des lois, et c'est aux pouvoirs politiques qu'il appartenait d'y pourvoir. Dans cette situation, tous les yeux se sont tournés vers moi. Les vaincus eux-mêmes m'ont jugé nécessaire à leur salut; je l'étais encore plus peut-être, afin que la victoire ne se pervertît pas dans les bras des vainqueurs, et j'ai accepté le pacte d'alliance.

» J'étais libre, j'étais heureux avec ma nombreuse et belle famille, et je suis accouru à votre voix parce que votre cause était juste, et je me suis mis à votre tête.

» *Vous m'aviez appelé à vous gouverner selon les lois* (1) et à vous faire rendre par tout le royaume bonne et entière justice, à favoriser de tous mes efforts le développement progressif de vos institutions, de concert avec tous les pouvoirs de l'état. Et j'ai accompli toutes mes promesses, et j'ai été moi-même le premier sujet de la loi.

» Et pourtant on m'a accusé d'avoir faussé mes serments.

» Et j'ai élevé mes fils avec vos fils; je les ai envoyés dans vos écoles s'asseoir auprès de vos fils sur les mêmes bancs. Et ils ont tour à tour brigué l'honneur de rivaliser de courage et de bravoure avec eux à la tête de vos vaillantes armées.

(1) Proclamation du Roi contresignée Dupont de l'Eure, 15 août 1830.

» Et pourtant la présence de mes fils sous le drapeau national a été appelée *un obstacle à la fortune des autres soldats français.*

» Et pourtant, on le savait, le service des enfants du Roi pour la France est toujours *gratuit* et toujours *désintéressé.*

» J'ai appelé autour de moi, dans mon conseil, toutes les illustrations, toutes les gloires du pays....

» Et pourtant on m'a accusé de ne pas être de mon siècle, et de vouloir recommencer l'ère funeste des *grands-veneurs* et de gens de cour.

» Et on a voulu m'interdire l'entrée de la salle du conseil.

» Je vous ai garanti la paix, le plus désirable de tous les biens; j'ai embelli de mes deniers vos châteaux et vos monuments; j'ai consacré des millions à relever partout les gloires nationales du pays.

» Et j'ai été accusé d'enlever le pain à vos femmes et à vos enfants, et de grossir la misère publique en emplissant des sacs d'or.

» J'ai travaillé sans relâche nuit et jour, afin d'écarter de vous les dangers intérieurs et extérieurs.

» Et pour prix de tant de peines, j'ai été honni, insulté, calomnié, et on m'a appelé un tyran, et on a voulu m'assassiner.

» J'ai pardonné à mes ennemis, j'ai oublié toutes les injures, j'ai rendu le bien pour le mal, et on a dit, on a écrit partout que j'étais sans générosité, que j'étais le représentant fidèle d'un siècle de sécheresse et *d'égoïsme.*

» Je n'avais qu'un désir, qu'une préoccupation, celle du bonheur public, et j'ai été gêné, entravé, tyrannisé dans mes moindres efforts pour réaliser ce bonheur, alors que je revendiquais la faculté seulement de soumettre au jugement du pays les idées que je pourrais croire utiles, pour maintenir l'accord salutaire de la liberté et du pouvoir.

» J'ai accompli tous mes devoirs, dont j'avais mesuré l'é-
tendue le jour où j'acceptai la couronne; et j'ai voulu seulement faire respecter mes droits, toujours plein de respect
pour ceux d'autrui.

» J'espérais faire quelque bien, et je ne puis même empêcher le mal; je vous rends donc tous vos serments. Rompons
le pacte d'alliance!... »

Or, quelle serait la contenance de ces hommes qui vantent
si haut leur courage, et dont la parole est si fière en face du
trône, quand il n'y a pas d'émeutes sur la place publique ?
Peut-être en verriez-vous plusieurs supplier humblement le
prince, le conjurer avec les plus vives instances, de reprendre la couronne pour ne pas compromettre la fortune publique, par une détermination funeste qui replongerait la France
dans le chaos. Peut-être ils comprendraient alors que, « dans le
gouvernement représentatif le mieux réglé, comme disait
M. Guizot à une autre époque, *l'opinion du roi, la volonté
du roi, la personne du roi tiendra toujours une grande
place.* » Peut-être ils reconnaîtraient alors la vérité des
paroles de M. Guizot, à Lisieux, quand il disait « que *la
sagesse du Roi a souvent besoin de devancer, de guider
celle du pays;* » ils se repentiraient alors d'avoir calomnié
les intentions du Roi, en reprochant à la couronne cette politique, que M. Guizot appelait encore, *il y a deux ans, la
politique nationale qui est celle du Roi.*

Électeurs constitutionnels, vous voulez le maintien de la
monarchie représentative, vous voulez trois pouvoirs *également forts, également libres.* Eh bien, je vous le dis, c'est
la prérogative royale qu'on veut aujourd'hui *opprimer,* après
avoir d'abord *nié la pairie;* c'est à la monarchie qu'on déclare aujourd'hui la guerre, en cherchant à lui enlever, une
à une, toutes ses attributions. Un arbre dont on élague chaque jour les feuilles et les branches pourra-t-il donc offrir un

abri contre l'orage? Et cette monarchie représentative, hors de laquelle, disait Périer, *il n'y a plus pour nous qu'abymes et que tempêtes*, sera-t-elle encore long-temps une puissance tutélaire? Dépouillée de toutes ses attributions, gênée dans l'exercice de toutes ses prérogatives, sera-t-elle de force à résister long-temps aux assauts répétés d'une démocratie jalouse et tracassière, et de sa nature envahissante? Malheur alors aux imprudents qui les premiers ont soulevé cette lutte entre deux prérogatives, faites pour vivre ensemble en bonne intelligence, et dont l'une doit devenir infailliblement la proie de l'autre le jour où la pondération salutaire des pouvoirs aura été de fait et de droit supprimée!

LE TRIOMPHE DE LA COALITION SERAIT LA GUERRE.

Électeurs constitutionnels,

Tout système politique est un. Les principes auxquels se rattache toute question extérieure ne peuvent être différents des principes qui régissent la question intérieure. Et si cela est vrai en général, à plus forte raison est-ce vrai quand on se trouve encore si rapproché du berceau d'une révolution.

La révolution de juillet avait proclamé le respect pour tous les droits acquis sans exception; et pendant qu'elle déclarait vouloir au dedans l'ordre pour tout le monde, seul moyen de réaliser l'accord si difficile de la liberté et du pouvoir, elle posait au dehors le principe de la non-intervention.

C'est que l'expérience de quarante années n'avait pas vainement passé sur nos têtes, et la France comprenait que, dans l'intérêt du maintien de la paix, il fallait qu'elle se montrât à l'Europe, dégagée du cortége honteux de troubles et d'émeutes, et en même temps de toutes menées démagogiques et de propagande, qui pouvaient tromper le monde sur l'origine et la nature modérée de notre révolution. Telle était donc la portée de cette politique digne et féconde, qui a été maintenue et approuvée constamment par l'immense majorité du *pays légal et effectif*, jusqu'à l'Adresse factieuse de 1839.

Or, je dis que le triomphe de la coalition serait l'abandon de cette politique, et *l'abandon de cette politique est la guerre*.

La guerre! à ce seul mot comme la nation s'est émue! La guerre! à ce seul mot que de relations suspendues! que de projets utiles abandonnés partout et ajournés! D'où peut venir ce sentiment si général et si profond? C'est que le pays tout entier a conscience des biens inappréciables qu'il a déjà conquis, et qu'il a la crainte de perdre en un jour. C'est que pendant cette grande tempête qui a commencé en 89, toutes les questions fondamentales avaient été résolues, tous les grands principes avaient été posés et discutés, tous les droits reconnus, et le temps seul, c'est-à-dire le *travail*, et jamais la violence, peut achever légitimement la conquête.

Eh bien! tandis qu'on fait au pays un crime de s'effrayer des chances possibles d'une guerre, on reproche au pouvoir de spéculer sur cette crainte, en prolongeant, pour se maintenir, un système de paix à *tout prix*, qu'on appelle encore un système *de peur*.

Électeurs constitutionnels, on calomnie la majorité et le pouvoir. Vous savez ce qu'il y a de fondé dans ces injures adressées chaque jour à cette majorité fidèle et constante, qu'après avoir accusée de *sacrifier à la peur*, on a traitée d'*inintelligente* et de *servile*, pour se venger de certains mécomptes tout personnels. C'est à vous de faire justice de tant de forfanterie et d'outrecuidance de quelques *gens de qualité*.

Non, la France ni le gouvernement du roi n'ont pas sacrifié à la peur un seul jour depuis huit ans! La France, depuis huit ans, a toujours fait la paix dignement, noblement, comme autrefois elle faisait la guerre. Trois fois, depuis l'élection du duc d'Orléans, la France a mis la main à la garde de son épée, et son attitude, bien que pacifique, n'en était pas moins fière; et trois fois, en définitive, le gouvernement du Roi a jeté le gant à l'Europe. Seulement, lorsqu'on se préparait à faire la guerre, c'était toujours dans l'intérêt de la paix; et quand le drapeau tricolore se déployait à Bruxelles, à Ancône, à Anvers, c'était le drapeau de l'ordre, et non de l'anarchie ou de la conquête, qu'on montrait aux nations.

Pourquoi donc, lorsque pendant huit ans on a soigneusement évité toute politique irritante à l'égard des souverains, quand partout on cherchait des alliances, sans se préoccuper de la question de savoir si l'honneur de la France était intéressé, soit à relever les fortifications d'Huningue, soit à reprendre les bords du Rhin, ou bien à envoyer des armées en Pologne ; pourquoi vouloir risquer aujourd'hui d'un coup de dé une fortune si belle ? Pourquoi vouloir échanger le présent, certain et fécond en résultats acquis ou si près de l'être, contre un avenir douteux et vague ? Pourquoi courir encore la chance d'un inconnu qui peut être sinistre, et perdre le fruit de tant de travail en remettant encore tout en question ?

Mais écoutez les chefs de la coalisation ; voyez-les donc crier au *mensonge* et à la *calomnie*, quand on les accuse de vouloir la guerre. « Nous voulons la paix, disent-ils bien haut ; nous voulons la paix, et c'est vous qui la compromettez. »

Ainsi disaient les hommes du *compte-rendu* lorsqu'ils demandaient un *langage ferme* à l'égard de la Pologne ; et M. Thiers en est venu aujourd'hui à soutenir sur la politique intérieure toutes les pauvretés, toutes les vieilleries, toutes les impossibilités rédigées par M. O. Barrot dans ce manifeste de 1832, dont la ressemblance est si frappante avec l'Adresse de 1839.

La coalition ne veut pas la guerre. Or, je dis que le triomphe de la coalition amènerait la guerre infailliblement, avec ou sans sa volonté.

Et d'abord, de quelle valeur peuvent être les protestations de cette multitude confuse et bigarrée, de ces huit ou dix fractions naturellement hostiles entre elles, que l'intérêt et l'ambition ont seuls pu réunir pour un jour de bataille. *Vous*

voulez, dites-vous, mais pouvez-vous vouloir quelque chose ?
Pour vouloir quelque chose il faut être une force dont tous les
éléments soient adhérents entre eux par l'affinité, par l'unité,
l'harmonie, et vous n'êtes qu'une négation. Rassemblés folle-
ment et comme dans un jour d'orgie, pour détruire, et seulement pour détruire, d'où venez-vous? quelle est votre origine ?
et quelle idée représentez-vous, pour que vous puissiez vouloir quelque chose de possible, d'exécutable le lendemain du
jour où on aura détruit ce qui est? N'êtes-vous pas les hommes
du *compte-rendu*, qui avez combattu la politique de huit ans,
sans relâche et à tout propos? N'êtes-vous pas les hommes de
septembre, qui avez soutenu précisément le contraire, et
sans relâche, jusqu'au jour de votre chute? N'êtes-vous pas
les hommes qui veulent une *autre constitution* ou une *autre
royauté?* Eh bien ! quand vous aurez détruit ce qui est, di-
tes, quelle sera la tête qui voudra, qui pourra commander
à ce corps dont tous les membres incohérents et disparates
se sont trouvés comme soudés ensemble par hasard et seulement pour l'œuvre d'un jour? Hommes de la coalition, vous
n'avez pas de volonté, il vous est défendu d'en avoir une.

J'ai dit que le triomphe de la coalition amènerait la guerre,
même en dépit des intentions pacifiques des coalisés.

Sans doute, tel ou tel nom, appelé à la direction de la
politique, ne sera pas aux yeux de l'Europe le signal du
combat. Sans doute, la présidence de tel ou tel chef coalisé
ne sera pas une déclaration de guerre à l'égard des souverains. Mais pour maintenir la paix, il faut quelque chose de
plus que des intentions, il faut des actes. Or, que servira de
se présenter à l'Europe un rameau d'olivier à la main, et toujours la menace ou l'injure à la bouche, se refusant à l'exécution des traités, et plein de légèreté et d'indiscrétion
dans toutes les relations diplomatiques? Ne sera-ce pas un
bon moyen par exemple pour resserrer l'union de la France

avec un pays voisin, que d'élever des doutes à la tribune sur une pareille question, à cette tribune dont le retentissement est si grand en Europe, et d'essayer de démontrer par des inductions les plus impossibles à prouver, que le gouvernement du Roi est plus ou moins refroidi à l'égard d'une puissance alliée?

La coalition veut la paix, à ce qu'elle dit. Mais comment veut-elle qu'on la croie, lorsqu'on sait que parmi ceux qui marchent à sa tête, le plus grand nombre a toujours voulu la guerre depuis huit ans.

La coalition veut la paix, à ce qu'elle dit. Mais comment espère-t-elle qu'on la croie, quand l'un de ses chefs, celui qui a le plus de chances pour arriver au pouvoir, a voulu l'intervention *malgré la France*; quand ce même homme d'état a écrit une dépêche dans le but de s'opposer à l'exécution du traité d'Ancône, lors même que l'Autriche accomplirait la condition en vertu de laquelle la France s'était engagée à quitter Ancône; quand cet habile homme d'état voudrait encore annuler le traité des 24 articles, dont l'Europe attendait avec impatience l'exécution depuis huit ans, au risque de pousser la Belgique dans une résistance que, d'un autre côté, *on déclare impossible.*

Ainsi la coalition se trompe quand elle se croit assez forte pour maintenir la paix, que sa présence, ses actes, ses paroles doivent troubler tôt ou tard, car les événements seraient plus forts que leur volonté.

Quand le pouvoir fut tombé aux mains des Girondins, ils avaient aussi la volonté de rétablir l'ordre; mais le rétablissement de l'ordre était-il possible avec ceux et par ceux qui avaient été la cause du 10 août?

On peut prédire à coup sûr les conséquences du triomphe des coalisés d'après ce qui s'est passé déjà autour de nous depuis le jour où a commencé l'émeute parlementaire.

L'Europe, qui commençait à désarmer, s'est remise de *toutes parts sur le pied de guerre*, et les deux chefs de la coalition qui ont le plus fait pour la fondation et le maintien du système politique actuel peuvent contempler aujourd'hui leur ouvrage; ils peuvent s'assurer par leurs yeux, qu'ils ont fait encore plus de mal depuis deux mois, qu'ils n'avaient fait de bien pendant sept ans.

Une dernière réflexion prouvera la vérité de ce que j'avance. Supposez qu'au lieu d'une majorité, si faible qu'elle ait été contre l'Adresse, la coalition eût eu l'avantage, c'était au moment de la crise des 24 *articles* en Belgique ; eh bien, n'admettez-vous pas comme très possible le cas où les Belges, forts de l'assentiment belliqueux de la France, prouvé constitutionnellement par le succès de l'Adresse de la coalition, eussent mis à profit logiquement les intentions supposées du gouvernement français, en marchant en avant, en envoyant à la frontière tous leurs enfants perdus, que l'honneur de la France aurait été peut-être engagé à soutenir quand même, et tout cela, pour deux provinces que la Belgique, de son plein gré, il y a sept ans, avait *abandonné à leur propre sort*, lorsqu'elle demandait aux souverains, *comme une faveur*, le traité des 24 articles ?

Donc *la coalition c'est la guerre* ; donc le triomphe de la coalition fera perdre à la France en un jour le fruit des efforts de tant d'hommes courageux unis pendant huit ans pour la défense de notre révolution contre la défiance excitée au dehors par le langage de quelques parlementaires imprudents, et surtout un peu contre elle-même.

CONCLUSION.

Electeurs constitutionnels,

Je dois résumer en peu de mots ce que je viens de dire sur la nécessité impérieuse, absolue, d'empêcher le triomphe de la coalition. Je vais rappeler en peu de mots comment ce résultat amènerait, tôt ou tard, *la guerre au dedans et au dehors.*

Electeurs constitutionnels, vous voulez le maintien de la constitution et de la dynastie élue; vous voulez l'ordre, inséparable de la liberté; vous voulez le progrès social et politique; vous voulez la paix à l'intérieur; vous voulez le développement le plus large possible de tous vos intérêts commerciaux et industriels; vous voulez enfin la paix avec l'Europe. Eh bien, je vous le dis, le triomphe de la coalition vous enlèverait tous ces biens.

Vous voulez le maintien de la constitution : or la constitution ne peut être forte qu'à la condition que les trois pouvoirs seront *tous également forts, également puissants.* La révolution de juillet avait eu pour mission d'établir d'une manière définitive, et de placer hors de toute atteinte la pondération des pouvoirs, principe tutélaire trop méconnu en France depuis vingt ans, sous la restauration par l'autorité, et depuis

1830 par les révolutionnaires. Et comment donc maintenir cet équilibre nécessaire, si on livre sans défense aux attaques des partis un seul des trois pouvoirs, ou si on permet qu'un seul soit absorbé par l'un d'eux, ou si enfin on laisse discuter le principe ou la forme du gouvernement, qui n'est que l'ensemble des trois pouvoirs selon la charte ?

Eh bien, la coalition *a nié et nie encore la Pairie*, l'un des trois pouvoirs (Brochure de M. Duvergier de Hauranne, manifeste de M. de Cormenin). La coalition veut *opprimer la prérogative royale*, en refusant à la couronne toute intervention, toute influence dans les affaires publiques. Elle a décidé, dans son orgueil, que la monarchie n'est plus qu'une magistrature dans l'état ; *et non un pouvoir*. (Brochure de M. Duvergier de Hauranne, manifeste de M. de Cormenin.)

Vous voulez le maintien de la dynastie élue, seul gage de salut et de bonheur pour la France, dans le présent comme dans l'avenir ; mais cette dynastie peut-elle subsister long-temps si elle n'est pas déclarée inviolable non seulement de droit, mais de fait ; si on souffre que le chef de l'état et tous les membres de sa famille soient honteusement traînés un à un, chaque jour, aux gémonies du journalisme de ruisseau ? Eh bien, la coalition voudra et accomplira le rappel des lois de septembre, dont l'effet salutaire avait été d'empêcher tout ce désordre depuis quatre ans.

Vous voulez le maintien de l'ordre, c'est-à-dire la paix à l'intérieur. La coalition, il est vrai, soutient également qu'elle a horreur du désordre ; et quel parti, même le plus démocratique, n'a pas cette prétention ? Mais la Convention elle-même ne voulait-elle pas aussi rétablir l'ordre en France ? Il est vrai que le couteau de la guillotine se chargeait d'appliquer les principes d'ordre selon le système de la convention. Mais la restauration ne le comprenait-elle pas aussi avec le système des ordonnances, c'est-à-dire en passant le niveau sur toutes les institutions politiques, de même que la Convention avait passé le niveau sur tout ce qu'elle appelait des inégalités sociales, seules causes du désordre, selon les idées de la Convention?

Eh bien, l'ordre a pour condition l'obéissance aux lois; et la coalition accuse chaque jour le pouvoir de citer devant le tribunal du jury tous ceux qui désobéissent aux lois; et les coalisés qui ont le plus fait pour l'œuvre salutaire de *septembre*, avouent avec un incroyable cynisme qu'*ils demanderont le rappel de ces lois*, si on les applique *à eux ou bien à leurs amis* (M. Duvergier de Hauranne, *Journal général de France*), et la coalition voudra accomplir *le rappel de la législation de septembre*, c'est-à-dire des lois salutaires faites pour l'exécution des lois !

Vous voulez le progrès, c'est-à-dire le bien-être moral et matériel. La coalition vous dit aussi qu'elle veut le progrès; elle le crie plus haut que vous, afin d'essayer de le faire croire. Mais pour arriver à ce but, fin dernière de tous les gouvernements vraiment animés de l'amour de l'humanité, il faut autre chose que des paroles sonores : il faut s'occuper du fond de l'état social avant de songer à la forme.

Eh bien, tandis que le pouvoir, aidé par la majorité, travaille sans relâche à réaliser le bien-être général par le calme des rues, par l'établissement de caisses d'épargne et de salles d'asyle, par l'amélioration des prisons et le développement de l'instruction primaire, les politiques arriérés de la coalition en sont encore à la réforme électorale, et la coalition, je vous le dis, *voudra accomplir la réforme électorale.*

Vous voulez le développement complet, mais progressif, de tous vos intérêts commerciaux et industriels, et avec de salutaires garanties contre la spéculation et l'agiotage. Eh bien, demandez à la coalition ce qu'elle a fait de toutes les lois proposées par le pouvoir, et dont l'urgence était proclamée d'un bout de la France à l'autre. Qu'a-t-elle fait de la loi sur les *sucres,* de la loi sur les *chemins de fer*, sur les *travaux publics?* Où en sont aujourd'hui nos questions agricoles? A quelles discussions mesquines, indignes d'un grand peuple, et toutes personnelles, a-t-elle usé un temps précieux, dont les représentants du pays doivent un compte sévère à leurs commettants? Par qui a été entravé, ajourné indéfiniment le perfectionnement des ports, l'amélioration des routes? Par qui, si ce n'est par la coalition? A qui surtout attribuer le désastre irréparable des *chemins de fer?* Qui donc n'a pas eu honte d'immoler à de pitoyables rancunes, à des ressentiments bassement intéressés, un projet salutaire, dont le seul tort est d'avoir été présenté par le pouvoir? Qui a fait tout cela? La coalition, toujours la coalition, dont les chefs, sachez-le bien, si elle triomphe, entreront dans les conseils du Roi pour le malheur de la couronne et du pays.

Vous voulez, enfin, la paix au dehors, conséquence nécessaire de la paix intérieure. Or il importe au repos et à l'honneur de la France, disait C. Périer (4), « qu'elle ne semble pas aux yeux de l'univers une société dominée par la violence et les passions; et l'on voudrait amener la France à *se défier* de l'Europe; on cherche à répandre que l'Europe *se défie* de notre révolution. Encore une fois, la révolution n'a point institué le règne de la force. Armée pour défendre ses droits, la France sait respecter les droits des autres. Sa politique a d'autres règles que les passions. Nous voulons la paix, si nécessaire à la liberté. Nous voudrions et ferions la guerre, si la sûreté, si l'honneur de la France était en péril; nous en ap-

____

(4) Ch. des dép., 18 mars 1831.

pellerions avec une patriotique confiance au courage de la nation, et le Roi n'a point oublié que c'est dans les camps qu'il apprit pour la première fois à sauver la patrie. Mais l'intérêt ou la dignité de la France pourraient seuls nous faire prendre les armes ; nous ne concédons à aucun peuple le droit de nous forcer à combattre pour sa cause, et le sang des Français n'appartient qu'à la France. •

Ainsi, vous le voyez, mandataires du pays, qui avez soutenu, pendant huit ans, la politique modérée et pacifique de l'illustre Président du **13** *mars*, *la coalition c'est la guerre*. Non pas, comme je l'ai dit, que tel ou tel nom appelé au pouvoir soit un signal de guerre ; mais comment admettre possible le maintien de la paix, d'une part, avec les forfanteries de tribune ou de journalisme à l'égard des souverains, avec les manifestations belliqueuses et plus ou moins intéressées de certains hommes politiques dont vous avez lu les circulaires, et qui sont les ministres futurs et infaillibles marqués du doigt de la coalition, et de l'autre, avec le parti pris de n'exécuter les traités nulle part ? Si l'on veut que les droits de la France soient respectés, ne doit-on pas respecter les droits d'autrui ? La défiance engendre la défiance, et la défiance peut amener aujourd'hui ou demain un choc terrible, un horrible incendie qui ne s'éteindra que dans le sang et les ruines.

Electeurs constitutionnels, la majorité qui a détruit pièce à pièce l'Adresse *factieuse* des **213** vous apportera la paix avec l'ordre, c'est-à-dire le *travail*, et avec lui le développement de toutes les richesses sociales, le progrès matériel et intellectuel, le progrès, enfin, et sous toutes les formes possibles.

Avec le triomphe de la coalition, vous aurez, aujourd'hui ou demain, le désordre au dedans, la négation des faits accomplis, c'est-à-dire le *rappel des lois contre les asso-*

ciations, puis *de la législation salutaire de septembre*, et la *réforme* inopportune de notre *système électoral*, et au dehors la guerre de principes, de propagande, la guerre enfin avec tout le monde.

Electeurs constitutionnels, vous avez en vos mains la paix ou la guerre, c'est à vous de choisir.

FIN.

www.ingramcontent.com/pod-product-compliance
Lightning Source LLC
Chambersburg PA
CBHW061224030726
47595CB00004B/1365